11 MARS 1869

# CATALOGUE

DE

# TABLEAUX

## ANCIENS

DES DIFFÉRENTES ÉCOLES

## VIOLONS ET ALTOS

PAR

Dufopugand, Amati, Pascal et Bergonzi

FORMANT

## La Collection de M. PASCAL, de Marseille

DONT LA VENTE AURA LIEU

## HOTEL DROUOT

SALLE N° 7

***Le Jeudi 11 Mars 1869***

A DEUX HEURES

Par le ministère de Mᵉ **ESCRIBE**, Commissaire-Priseur,
rue Saint-Honoré, 217

Assisté de M. **HORSIN DÉON**, Peintre, rue des Moulins, 15.

EXPOSITION PUBLIQUE

Le Mercredi 10 Mars 1869, de une heure à cinq heures

PARIS — 1869

**RENOU ET MAULDE**
IMPRIMEURS DE LA COMPAGNIE DES COMMISSAIRES-PRISEURS
**Rue de Rivoli, 144.**

# CATALOGUE

DE

# TABLEAUX

## ANCIENS

DES DIFFÉRENTES ÉCOLES

## VIOLONS ET ALTOS

PAR

Dufopugand, Amati, Pascal et Bergonsi

FORMANT

## La Collection de M. PASCAL, de Marseille

DONT LA VENTE AURA LIEU

## HOTEL DROUOT

SALLE N° 7

**Le Jeudi 11 Mars 1869**

A DEUX HEURES

---

Par le ministère de Me **ESCRIBE**, Commissaire-Priseur,
rue Saint-Honoré, 217

Assisté de M. **HORSIN DÉON**, Peintre, rue des Moulins, 15.

---

EXPOSITION PUBLIQUE

Le Mercredi 10 Mars 1869, de une heure à cinq heures

PARIS — 1869

## CONDITIONS DE LA VENTE

Elle sera faite au comptant.

Les Acquéreurs paieront CINQ POUR CENT, en sus du prix d'Adjudication.

La Collection que nous livrons aux enchères a été réunie par un amateur passionné pour les arts. Musicien distingué, premier violon du Grand-Théâtre de Marseille, peintre de talent, M. Pascal, durant sa longue carrière, a consacré tous ses instants de loisir entre l'amour des tableaux et la fabrication de cinquante excellents violons très-estimés des amateurs. Parmi les luthiers, M. Pascal jouit aussi d'une réputation de connaisseur émérite, que des épreuves successives ont rendue incontestable ; la plus décisive fut l'œuvre de Paganini.

On sait que ce maestro possédait une collection d'instruments hors ligne. Il fut curieux de s'assurer, par lui-même, des véritables connaissances de notre client. Ayant réuni quelques amis, il fit appeler M. Pascal, le priant d'examiner douze violons déposés sur une table dans leurs caisses, et de lui en faire connaître les auteurs. Les caisses furent ouvertes successivement. Les Stradivarius, les Guarnarius, les Amati furent reconnus avec une précision déconcertante. Il en fut de même pour Tonini, Guidantus, Ruggieri. Il en restait deux, et Paganini souriait en les offrant avec l'air du défi. En effet, c'était de ces œuvres précieuses, dites introuvables, dont on parle, et que l'on n'est peut-être jamais appelé à rencontrer. M. Pascal eut un moment d'hésitation, cependant il examine les signes caractéristiques ; c'est bien là, dit-il, sa table d'harmonie, ses éclisses, sa volute, ses *f* évasés. Oui, certainement, ce violon est un Séraphin ; l'hésitation n'est même pas permise, et comme Paganini stupéfait semblait vouloir faire une observation : je sais ce que vous voulez dire ; il y a deux maîtres de ce nom, n'est-il pas vrai, mais c'est du vénitien que je veux parler.

Restait le douzième. Le maestro espérait prendre une revanche éclatante. M. Pascal cherche en vain dans ses souvenirs; il se sentait vaincu, quand un dernier effort ranime sa mémoire. Ses pensées s'éclairent et lui rendent son sang-froid, il jette de nouveau sur l'instrument un de ces regards dévolus seulement aux vrais amateurs : Ceci est une espèce très-rare, dit l'expert. — Oui, ajoute Paganini, car, jusqu'à ce jour, je n'ai rencontré personne qui en ait pu préciser l'origine. — Alors, reprit M. Pascal, je serai donc le seul, car cet instrument est de Stagiani, mort très-jeune à Naples, en 1677. N'ayant fait, durant sa vie, que trois violons, celui que je tiens doit être le second et doit dater de 1673!.... Nous laissons à penser quelle fut la stupéfaction du célèbre maestro, qui, malade à cette époque, fut pris, par suite de son émotion, d'une toux si violente, qu'il tomba dans son fauteuil, d'où il se releva quelques instants après pour embrasser M. Pascal et le complimenter sur des connaissances qu'il n'avait encore rencontrées nulle part ailleurs.

Mais revenons à nos Tableaux.

Aucune idée de spéculation ne préside à notre vente. M. Pascal livre tous les objets qui la composent à la chaleur des enchères, car il espère qu'en se séparant de vieux amis, ils l'aideront, après une carrière longue et laborieuse, à se procurer une retraite dignement acquise.

HORSIN DÉON.

# DÉSIGNATION

DES

# TABLEAUX

## ÉCOLE FRANÇAISE

### NATTIER (Jean-Marc)

1 — Portrait de la Dauphine Marie-Josèphe.

La graciense mère du roi Louis XVI est représentée assise dans un fauteuil doré et fleurdelisé. Elle tient ouvert sur ses genoux un cahier de musique dont elle vient de tourner un feuillet. Sa robe est de satin bleu, garnie de fourrure et de guipure. Une dentelle noire, un ruban bleu passé dans ses cheveux poudrés, un autre ruban de même couleur autour de son cou complètent seul son ravissant et élégant costume.

Quoique présenté sous un vernis très-ancien et dans une bordure mal-propre, nous ne doutons pas que Messieurs les Amateur n'apprécient ce beau portrait à sa juste valeur.

### BONYS (André)

2 — Saint Luc.

3 — Saint Jean.

4 — Saint Mathieu.

5 — Saint Marc.

**BOULONGNE** (MADELEINE DE)

6 — Agar dans le désert.

7 — Samson livré par Dalila.

**COYPEL** (NOEL-NICOLAS)

8 — Le Jugement de Salomon.

**COYPEL** (Attribué à)

9 — Marthe et Marie.

**C.-V.** (Signé)

10 — Portrait de M. de la Sonne, premier médecin du roi Louis XV.

**LE SUEUR** (Attribué à EUSTACHE)

11 — Un Ange.

**TESTELIN** (LOUIS, 1648)

12 — Portrait d'homme, buste.

**INCONNU**

13 — Portrait de femme, époque Louis XIII. Elle tient à la main une branche de jasmin,

# PORTRAITS PAR DIVERS

14 — Portrait de femme, époque de Louis XIV. Elle est peinte en Madeleine.

15 — Portrait de Mme Rocbrune. Buste.

16 — Portrait de Mme de Maintenon.

17 — Portrait de femme avec mains, de la même époque.

18 — Portrait de femme. Genre de Detroy.

19 — Portrait d'homme, époque de Louis XV. Il est debout devant une table.

20 — Portrait de femme, de la même époque. Elle achève de poser ses bijoux.

21 — Portrait d'homme, de la même époque. Il tient une lettre à la main.

22 — Portrait de femme avec mains, même époque.

23 — Portrait de femme, époque Louis XIV. Buste.

# ÉCOLES ALLEMANDE, FLAMANDE & HOLLANDAISE

---

### AS (PIERRE VAN)

24 — Paysage montagneux avec cascade.

### BEGYN (CORNEILLE)

25 — Fumeurs et buveurs attablés dans un intérieur.

26 — Fumeurs et buveurs.

### BESCHEY (J.)

27 — Femmes au bain.

### BRANDT

28 — Paysage avec route et rivière.

### DEVLIEGER (SIMON)

29 — Marine. Mer houleuse.

### DIETRICH

30 — Portrait de vieille femme.

31 — Portrait d'homme.

**DRILLENBURG** (Guillaume van)

32 — Paysage avec figure de pâtre gardant des moutons.

**HEEMSKERK** (Egbert)

33 — Intérieur flamand.

Dans un cabaret une partie de tric-trac est engagée, d'autres nombreux personnages fument, boivent et causent. Dans le fond, un ménétrier.

**HERP** (Van)

34 — Persée délivrant Andromède.

**MONI** (Jean de)

35 — La Madeleine en méditation dans sa grotte.

**MYN** (Herman vander)

36 — Saint Pierre exhortant la Madeleine à vivre dans la pénitence. Un ange éclaire d'une torche cette scène mystique.

**TORENVLIET** (Jacques)

37 — Scène flamande.

Dans un intérieur rustique, un homme, en élevant son verre, chante ainsi qu'une femme et un enfant, un fumeur les écoute.

### VAN UDEN

38 — Paysage boisé avec cascade animé de figures, par Teniers le père.

### WALLAER (Pierre)

39 — Au bord de la mer, les ruines d'un palais orné de statues et d'une fontaine monumentale.

40 — Le même monument vu sous une autre face.

---

## ÉCOLE ITALIENNE

---

### CERQUOZZI (Michel-Ange)

41 — Cavaliers arrêtés à la porte d'une locanda.

### DIANO (Giacinto)

42 — La Sainte Vierge en pleurs au pied du tombeau de son divin fils est assistée par un ange.

### GIMIGNANI (Giacinto)

43 — Jeux d'enfants.

**ORIZONTI** (van Blœmen dit)

44 — Paysage. Site d'Italie.

**SESTRI** (Travi di)

45 — Paysage avec sujet de Moïse sauvé des eaux.

# DIVERS

46 — ÉCOLE ITALIENNE. L'Annonciation.
47 — INCONNU. Sujet de l'histoire grecque.
48 — Id. Saint Michel terrassant le démon.
49 — BEAUFORT. Bélisaire.
50 — INCONNU. L'Ange présentant le calice à notre Seigneur agenouillé sur le mont des Oliviers.
51 — ÉCOLE FLAMANDE. Jésus conduit au calvaire.
52 — INCONNU. Paysage. — Marine.
53 — GUIDE (École de). Tête de Madeleine en pleurs.
54 — CORRÈGE (D'après). Mariage de sainte Catherine.
55 — CIGNAROLI (Victor). Paysage montagneux avec pont et fabrique.
56 — ÉCOLE FRANÇAISE. L'Abbé galant.
57 — FRANCISQUE MILÉ. Paysage.

58 — HENRI DE MARSEILLE. Paysage.—Marine. Soleil couchant.

59 — Id. Clair de lune.

60 — ÉCOLE ITALIENNE. Joseph et Putiphar.

61 — Id. Salomon sacrifiant aux idoles.

62 — LEBRUN (École de). Jésus descendu de la croix.

63 — ÉCOLE ITALIENNE. La Tentation.

64 — ÉCOLE MODERNE. Paysage — Marine.

65 — INCONNU. Deux études. Paysage.

66 — AS (PIERRE VAN). Paysage— Marine, avec moulin à vent.

67 — Id. Paysage.

68 — VAN RAVENNELS. Paysage avec route.

69 — Id. Paysage avec route et maison rustique.

70 — ÉCOLE GÉNOISE. Sainte Famille. Esquisse.

71 — TEMPESTE. Paysage. — Marine.

72 — BASSAN. Tête de femme. Étude.

73 — ÉCOLE FRANÇAISE. Entrée de ville avec personnage.

74 — DUJARDIN. (Genre de KAREL). Paysage, personnages et animaux.

75 — FRANCK. Adoration des mages.

76 — ÉCOLE FRANÇAISE. Portrait de femme.

77 — Id. Récréation champêtre. Dessus de porte.

78 — ÉCOLE ITALIENNE. L'Assomption.

79 — INCONNU. Paysage avec personnage turc.

80 — ÉCOLE MODERNE. Paysage — Marine.

81. — ÉCOLE ITALIENNE. L'Invention du dessin.

82 — HONDIUS. Renard attaqué par des chiens.

84 — BOURDON (Genre de SÉBASTIEN). Intérieur de corps de garde.

84 — VAN ARTOIS. Paysage avec figures de pécheurs et de chasseurs.

85 — ÉCOLE FLAMANDE. Pendant que le père dort.

86 — CARLE MARATTE (École de). La Vierge et l'Enfant.

87 — CARRACHE (Attribué à). Madeleine en prière.

88 — INCONNU. Jeune femme enlevée pendant son sommeil et conduite au sacrifice.

89 — SALVATOR (École de). Paysage montagneux.

90 — ÉCOLE FRANÇAISE. Jésus au jardin des Olives.

91 — ÉCOLE FLAMANDE. La Collation. Paysage.

92 — ÉCOLE BOLONAISE. Tête de femme mauresque.

93 — ALBANI (D'après). Baptême de Jésus.

94 — POUSSIN (Genre de). Paysage avec ruines.

95 — ÉCOLE FLORENTINE. Clorinde chez les bergers.

96 — ÉCOLE FLAMANDE. Deux tableaux de fleurs faisant pendants.

97 — ÉCOLE FRANÇAISE. Figure allégorique. Aquarelle.

## SCULPTURE

98 — Une Madone.

## VIOLONS

99 — Violon par Dufopugand, fin du $XV^e$ siècle, tout sculpté, grand patron.

100 — Violon par Amati.

101 — Violon par Pascal, le $50^e$ sur le modèle de celui de Paganini.

102 — Alto par Pascal sur le modèle de celui de Paganini par Stradivarius.

103 — Alto de Bergonsi, élève de Stradivarus. Excellent et bel instrument.

Renou et Maulde, imprimeurs de la Compagnie des Commissaires-Priseurs
rue de Rivoli, 144. 22528

www.ingramcontent.com/pod-product-compliance
Lightning Source LLC
LaVergne TN
LVHW020504230826
846091LV00008BA/3327

* 9 7 8 2 3 2 9 3 8 9 9 1 2 *